J'ai pas un radis !

Du même auteur chez M6 Éditions :
Fou de cuisine

J'ai pas un radis !

ou comment se régaler quand on n'a pas une thune !

Photographies Patrick Rougereau

M6 ÉDITIONS

2
RVP100
465
3
RVP100

Édito

Grâce à mon métier de cuisinier, depuis plus de quinze ans, j'ai eu la chance de travailler de très beaux produits, comme le turbot, le caviar ou même la truffe et le foie gras. Mais je n'ai jamais oublié d'où je viens et, surtout, j'ai gardé intact le plaisir de travailler des produits simples, qui sont ceux que j'ai toujours connus. Car chez moi, inutile de le préciser, ça a plutôt été pâtes, thon, riz, sauce tomates, yaourts et surimis !

Alors, vous l'aurez compris, les produits de la grande consommation et moi, ce n'est pas un souci. Bien au contraire ! Je les cuisine depuis toujours et j'ai appris, au fil des années, à les associer, à les transformer et à les détourner pour créer des plats gourmands et astucieux.

Avec cet ouvrage, j'espère vous convaincre que même avec un petit budget, il suffit d'un zeste d'imagination pour se faire plaisir et surtout faire plaisir.

Alors, on y va, maman !

sommaire

À FOND, MES COCOTTES !

DITES « CHEESE » !

ON SE MET AU VERT ?

ON SE TAILLE UNE BAVETTE ?

ÇA SENT LA MARÉE !

TOUT DOUX, MAMAN…

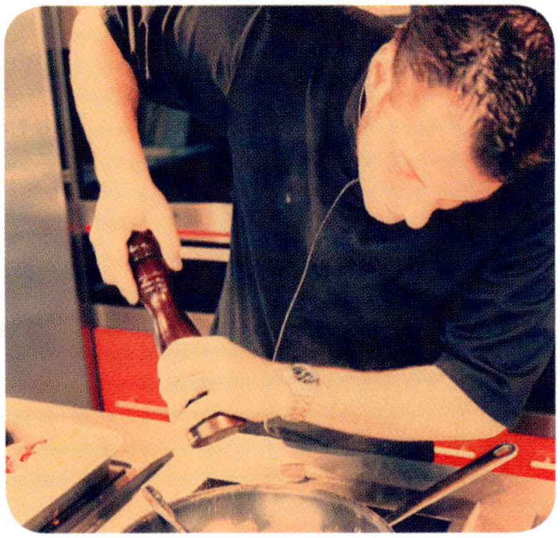

À FOND, MES COCOTTES !

Brunch maison

Mon chariot pour 4 personnes

10 min de préparation
25 min de cuisson - 20 min de repos

Blinis :	
Farine de sarrasin	50 g
Farine	20 g
Levure chimique	4 g (1 sachet)
Œuf	1
Lait	12,5 cl
Beurre	50 g
Œufs pochés :	
Œufs	4 + 1 de secours
Vinaigre d'alcool blanc	10 cl
Jambon cru	4 tranches
Tomates séchées	8
Roquette	1 sachet

TOTAL ESTIMÉ 6,00 €

Merci de votre visite

007 / 0092 / 30/07/2013 / 12:05:55
Magasin : 00103 Ticket : 000025

1 35314234 123421456 6

Tamisez les farines et la levure. Mélangez l'œuf et le lait, puis incorporez les farines et 30 g de beurre fondu. Mélangez jusqu'à l'obtention d'une pâte homogène. Laissez reposer 20 minutes.

Dans une petite poêle beurrée, faites cuire les blinis. Ils se cuisent comme des crêpes mais un peu plus longtemps.

Faites bouillir 1 litre d'eau avec le vinaigre d'alcool blanc. Cassez 1 œuf à température ambiante dans un ramequin, puis versez-le dans l'eau bouillante. Laissez cuire pendant 3 minutes maximum et refroidissez aussitôt dans de l'eau glacée. Renouvelez l'opération pour les 3 autres œufs.

Disposez la roquette sur le blinis, puis le jambon cru en chiffonnade et les petits morceaux de tomates séchées, enfin posez l'œuf poché sur le dessus.

Omelette en boîte

Mon chariot
pour 2 personnes

5 min de préparation
4 min de cuisson

Œufs	6
Curcuma	1 c. à c.
Persil déshydraté	2 c. à c.
Gruyère	100 g
Jambon blanc	2 tranches
Huile d'olive	1 c. à s.
Roquette	
Sel, poivre	

TOTAL ESTIMÉ 4,00 €

Merci de votre visite

007 / 0092 / 30/07/2013 / 12:05:55
Magasin : 00103 Ticket : 000025

1 35314234 123421456 6

Cassez et fouettez les œufs dans un bol en inox, puis ajoutez le curcuma, le persil et 50 grammes de gruyère. Assaisonnez de sel et de poivre.

Lustrez l'intérieur d'une boîte en plastique munie d'un couvercle avec l'huile d'olive. Versez le mélange, refermez la boîte et faites cuire au four à micro-ondes pendant 4 à 5 minutes.

Ouvrez délicatement la boîte en veillant à ne pas vous brûler et versez l'omelette dans une assiette.

Parsemez de jambon finement ciselé et du restant de gruyère.

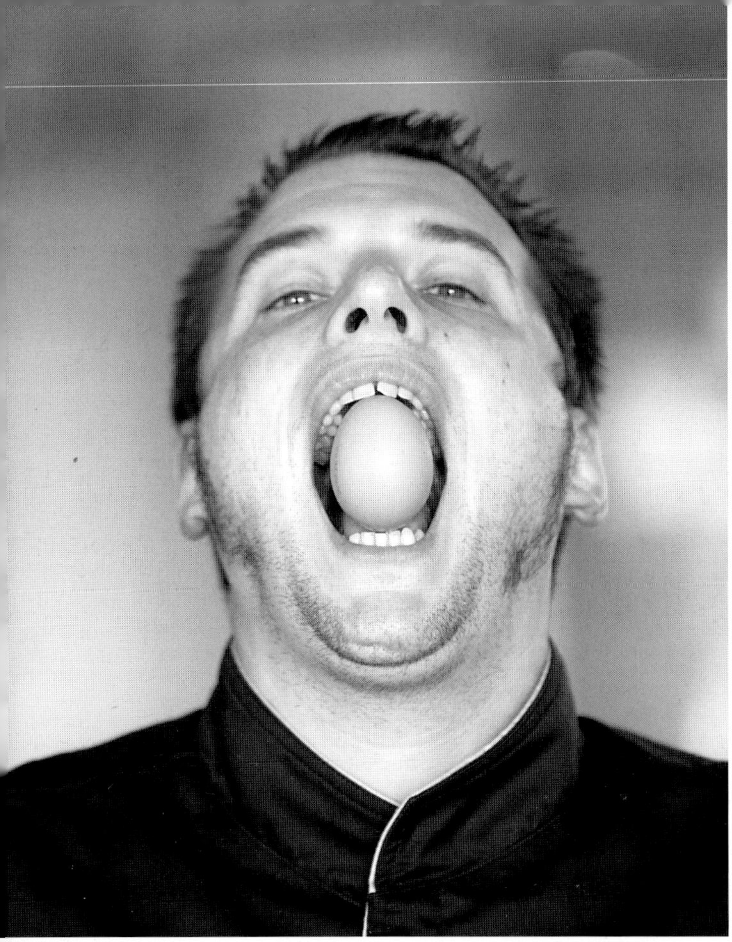

Œufs mollets en croûte d'herbes

Mon chariot
pour 4 personnes

---

15 min de préparation
20 min de cuisson

Champignons de Paris frais	400 g
Beurre	20 g
Échalotes	3
Vin blanc ou porto	5 cl
Curry	1 pointe
Muscade	1 pointe
Vinaigre de vin blanc	10 cl
Œufs fermiers hyper-frais	6
Chapelure	200 g
Persil plat	1 botte
Ciboulette	1 botte
Cerfeuil	1 botte
Farine	100 g
Crème liquide	20 cl
Vinaigre balsamique	1 c. à c.
Sauce de soja	5 c. à c.

TOTAL ESTIMÉ 11,00 €

Merci de votre visite

---

007 / 0092 / 30/07/2013 / 12:05:55
Magasin : 00103 Ticket : 000025

1 35314234 123421456 6

Lavez les champignons et coupez les pieds. Taillez les champignons en duxelles et faites-les revenir dans un peu de beurre avec 2 échalotes émincées. Arrosez de vin blanc ou de porto et laissez cuire. En fin de cuisson, ajoutez 10 cl de crème liquide, une pointe de couteau de curry et une de noix de muscade.

Faites bouillir une casserole d'eau avec 10 cl de vinaigre de vin blanc. Baissez le feu à petits frémissements. Déposez délicatement 4 œufs. Lorsque l'ébullition reprend, comptez 5 minutes.

Pendant ce temps, mixez la chapelure avec les 3 herbes. Écalez les œufs mollets. Roulez-les dans la farine, trempez-les dans les 2 œufs battus, puis roulez-les dans la chapelure aux herbes. Renouvelez l'opération œufs battus, puis chapelure. Mettez-les à frire pendant 4 bonnes minutes à 180 °C.

Dans une casserole, mélangez la sauce de soja, le vinaigre balsamique avec 1 échalote ciselée, crémez avec 10 cl de crème liquide et laissez réduire pendant 5 minutes.

Disposez un fond de duxelles dans une assiette creuse, plantez-y l'œuf en croûte d'herbes et versez 1 filet de sauce autour.

Omelette soufflée aux herbes

Mon chariot pour 2 personnes

10 min de préparation
20 min de cuisson

Œufs fermiers hyper-frais	6
Aneth déshydraté	1 c. à c.
Persil déshydraté	1 c. à c.
Ciboulette déshydratée	1 c. à c.
Cerfeuil déshydraté	1 c. à c.
Beurre	20 g
Sel, poivre	

TOTAL ESTIMÉ 2,00 €

Merci de votre visite

007 / 0092 / 30/07/2013 / 12:05:55
Magasin : 00103 Ticket : 000025

1 35314234 123421456 6

Montez les œufs au batteur pendant 10 minutes avec les herbes, le sel et le poivre jusqu'à l'obtention d'un mélange très mousseux.

Versez le mélange dans une poêle antiadhésive et laissez cuire à feu très doux sur un seul côté pendant 20 minutes. À mi-cuisson, glissez 4 noisettes de beurre sous l'omelette.

Lorsque les bords sont bien colorés et qu'ils se décollent, pliez l'omelette en deux et servez-la immédiatement.

DITES “ CHEESE ” !

Croque-croissants gratinés

Mon chariot
pour 4 personnes

15 min de préparation
30 min de cuisson

Beurre	25 g
Farine	25 g
Croissants rassis	4
Jambon blanc	4 tranches
Lait	25 cl
Gruyère râpé	80 g
Muscade	1 pincée
Sel, poivre	

TOTAL ESTIMÉ 7,00 €

Merci de votre visite

007 / 0092 / 30/07/2013 / 12:05:55
Magasin : 00103 Ticket : 000025

1 353142344 123421456 6

Préchauffez le four à 210 °C.

Réalisez une sauce béchamel. Faites fondre le beurre dans une casserole. Ajoutez la farine, mélangez et laissez cuire quelques minutes. Versez le lait froid d'un trait et laissez cuire à feu doux jusqu'à reprise de l'ébullition. Remuez, rectifiez l'assaisonnement avec de la muscade, du sel et du poivre. Ajoutez le gruyère râpé pour obtenir une sauce Mornay.

Pour monter les croque-croissants, coupez les croissants dans le sens de la longueur. Nappez l'intérieur avec 1 cuillerée de sauce. Placez une belle tranche de jambon, puis recouvrez d'une couche de sauce. Parsemez de gruyère. Sur le dessus du croissant, déposez une couche de sauce, puis du gruyère râpé.

Gratinez au four pendant environ 5 à 10 minutes.

Cheesecake au saumon fumé

Mon chariot
pour 8 personnes

10 min de préparation
30 min de cuisson - 35 min de réfrigération

Farine	150 g
Parmesan râpé	150 g
Beurre	150 g
Curcuma	1 c. à c.
St Morêt®	500 g
Aneth déshydraté	1 c. à c.
Saumon fumé	150 g
Œufs	2
Citron jaune	1
Persil déshydraté	1 c. à c.

TOTAL ESTIMÉ 16,00 €

Merci de votre visite

007 / 0092 / 30/07/2013 / 12:05:55
Magasin : 00103 Ticket : 000025

1 35314234 123421456 6

Préchauffez le four à 160 °C.

Dans un bol, préparez le sablé au parmesan en mélangeant la farine, le parmesan, le beurre mou et le curcuma jusqu'à l'obtention d'une pâte lisse et homogène. Laissez reposer 25 minutes au réfrigérateur.

Abaissez la pâte sur 1,5 cm d'épaisseur entre feuilles de papier de cuisson. Ôtez une feuille, farinez une face de la pâte et posez-la dans le fond d'un plat à tarte. Réservez les parures du sablé qui serviront de crumble pour la finition. Placez des billes dans le fond de tarte et réservez-le au réfrigérateur. Lorsque la pâte est froide, enfournez pour 15 à 20 minutes.

Préchauffez le four à 180 °C.

Dans un mixer, versez le fromage à tartiner, l'aneth, le saumon et les œufs. Mixez pour obtenir un mélange lisse et homogène, puis ajoutez le zeste du citron finement haché. Versez cet appareil sur le fond de tarte, puis mettez à cuire à 180 °C pendant 15 minutes pour une consistance crémeuse et 20 minutes si vous le souhaitez plus cuit. Laissez le cheesecake refroidir à l'air libre. Vous pouvez émietter sur le dessus un crumble réalisé avec les parures de sablé au parmesan. Arrosez d'un filet de jus de citron et parsemez de persil déshydraté.

Tiramisu provençal

Mon chariot
pour 4 personnes

20 min de préparation

Chèvre frais,	
type Pyramide Chavroux®	350 g
Œufs	4
Crème liquide	12,5 cl
Wasa®	8 tranches
Poivrons rouges marinés	180 g
Huile d'olive	2 c. à s.
Olives noires dénoyautées	125 g
Ail	1 gousse
Ciboulette	1/2 botte
Cerfeuil	1/2 botte
Sel, poivre	

TOTAL ESTIMÉ 12,00 €

Merci de votre visite

007 / 0092 / 30/07/2013 / 12:05:55
Magasin : 00103 Ticket : 000025

1 35314234 123421456 6

Fouettez le fromage de chèvre avec les œufs et la crème liquide, mettez dans un siphon et réservez au frais.

Faites gonfler les Wasa® dans un peu d'eau. Salez, poivrez. Découpez des cercles à l'aide d'un emporte-pièce et disposez-les au fond d'un ramequin.

Mixez les poivrons marinés avec l'huile d'olive, du sel et du poivre. Recouvrez les Wasa® de ce mélange. Parsemez d'olives noires concassées et d'ail émincé.

Dressez le fromage de chèvre à l'aide du siphon, parsemez d'herbes ciselées et de Wasa® concassées.

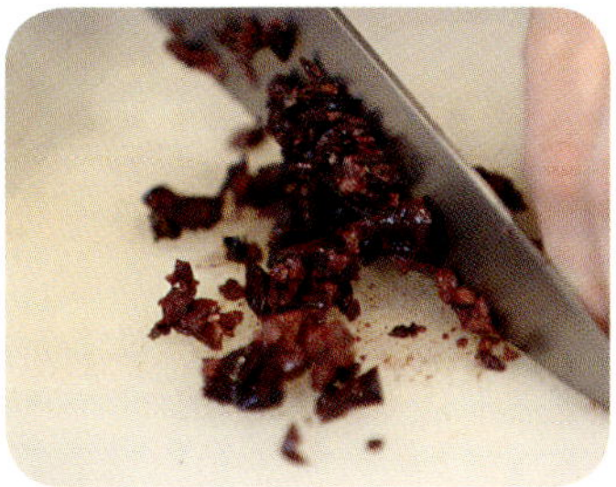

Soufflé au fromage

Mon chariot
pour 4 personnes

10 min de préparation
20 à 25 min de cuisson

Beurre	120 g
Farine	120 g
Lait	50 cl
Gruyère râpé	150 g
Jaunes d'œufs	6
Blancs d'œufs	10
Muscade	1 pincée
Sel, poivre	

TOTAL ESTIMÉ 5,50 €

Merci de votre visite

007 / 0092 / 30/07/2013 / 12:05:55
Magasin : 00103 Ticket : 000025

1 35314234 123421456 6

Placez les ramequins à soufflé au congélateur.

Pour réaliser une sauce Mornay ou béchamel au fromage, faites fondre 50 g de beurre dans une casserole puis versez 50 g de farine. Faites cuire 4 minutes à feu doux sans coloration, puis versez le lait froid. Faites cuire jusqu'à ébullition en remuant sans cesse comme une crème pâtissière. Assaisonnez de sel et de poivre, puis ajoutez la muscade et 100 grammes de gruyère. Mélangez de nouveau. Ôtez la casserole du feu, laissez tiédir puis ajoutez les 6 jaunes d'œufs. Mélangez bien.

Faites fondre 70 g de beurre puis beurrez les ramequins. Replacez-les au congélateur. Beurrez-les de nouveau et farinez avec le reste de farine. Réservez au réfrigérateur.

Préchauffez le four à 190 °C.

Montez les 10 blancs en neige pas trop ferme puis incorporez-les délicatement à la sauce sans les casser. Moulez l'appareil dans les ramequins ou un grand moule à soufflé, parsemez du gruyère restant et enfournez pour 10 minutes pour des portions individuelles, 15 minutes pour un grand soufflé, sans ouvrir le four. Dégustez aussitôt.

Croqu'au fromage

Mon chariot
pour 4 personnes

15 min de préparation
5 min de cuisson

Œufs	2
Purée Mousline®	140 g
Lait	10 cl
Reblochon	125 g
Fromage blanc	125 g
Ail déshydraté	1/2 c. à c.
Ciboulette déshydratée	1 c. à c.
Curcuma	1 pincée
Citron jaune	1
Sel, poivre	

TOTAL ESTIMÉ 5,50 €

Merci de votre visite

007 / 0092 / 30/07/2013 / 12:05:55
Magasin : 00103 Ticket : 000025

1 35314234 123421456 6

Mélangez les œufs avec les flocons de purée, puis incorporez le lait. Si la pâte est un peu trop ferme, détendez-la avec du lait. Elle doit rester crémeuse et souple.

Coupez des morceaux de reblochon. Formez 8 boulettes et disposez 1 morceau de fromage au centre, puis refermez-les.

Faites cuire les boulettes dans une friteuse à 180 °C pendant 4 à 5 minutes jusqu'à ce qu'elles soient bien dorées. Débarrassez-les sur du papier absorbant et salez. Dans un bol, mélangez le fromage blanc avec l'ail, la ciboulette, le curcuma et le jus du citron, puis rectifiez en sel et poivre.

Disposez les croqu'au fromage dans un bol et servez-les avec la sauce à part.

Camembert en croûte façon tartiflette

Mon chariot
pour 4 personnes

10 min de préparation
1 h de cuisson - 30 min de réfrigération

Pommes de terre charlotte	8
Camembert	1
Muscade	1 pincée
Poitrine fumée	8 tranches
Persil plat	50 g
Pâte feuilletée	1 rouleau
Jaunes d'œufs	2
Sel, poivre du moulin	

TOTAL ESTIMÉ 9,00 €

Merci de votre visite

007 / 0092 / 30/07/2013 / 12:05:55
Magasin : 00103 Ticket : 000025

1 35314234 123421456 6

Faites cuire les pommes de terre avec leur peau à l'eau et sans ébullition. Lorsqu'elles sont cuites mais encore fermes, pelez-les et laissez-les refroidir.

Saupoudrez le camembert de poivre du moulin et de muscade. Enrobez-le de tranches de poitrine fumée puis retournez-le pour laisser la soudure vers le bas. Parsemez de persil ciselé. Coupez de belles rondelles de pommes de terre et disposez-les en rosace sur le dessus du fromage.

Préchauffez le four à 200 °C.

Déroulez la pâte feuilletée et piquez-la. Disposez le camembert en son centre et enveloppez-le de la pâte. Dorez avec les jaunes d'œufs. Laissez reposer au réfrigérateur pour environ 30 minutes.

Enfournez le camembert en croûte pour 40 minutes.

Petite astuce : pour que le camembert soit bien cuit, les tranches de poitrine fumée doivent être fines. Pour ce faire, superposez-les sur une feuille de papier de cuisson et recouvrez-les d'une deuxième feuille, puis aplatissez-les avec un rouleau à pâtisserie.

Reblochonade

Mon chariot
pour 4 personnes

10 min de préparation
1 h de cuisson

Oignons moyens	2
Pommes de terre charlotte	500 g
Lardons fumés	150 g
Œufs	4
Farine	125 g
Lait	30 cl
Muscade	1 pincée
Reblochon	200 g
Sel, poivre	

TOTAL ESTIMÉ 8,00 €

Merci de votre visite

007 / 0092 / 30/07/2013 / 12:05:55
Magasin : 00103 Ticket : 000025

1 35314234 123421456 6

Épluchez et émincez les oignons.

Lavez et faites cuire les pommes de terre pendant 15 minutes à la vapeur. Épluchez-les puis coupez-les en rondelles.

Faites dorer les lardons à la poêle pendant 5 minutes, puis ajoutez les oignons et les pommes de terre. Laissez mijoter 10 minutes.

Battez les œufs, la farine et le lait dans un saladier. Ajoutez la muscade et rectifiez l'assaisonnement. Préchauffez le four à 180 °C.

Disposez une couche de pommes de terre dans le fond de la terrine, une couche de reblochon en tranches, et ainsi de suite, en terminant par une couche de fromage. Enfournez pour 30 minutes.

Cordons-bleus à ma façon

Mon chariot
pour 6 personnes

10 min de préparation
15 min de cuisson

Escalopes de volaille	4
Camembert	1/2
Jambon blanc	4 tranches
Farine	125 g
Œufs	4
Chapelure	200 g
Moutarde de Dijon	1 c. à s.
Crème liquide	100 g
Ciboulette	1 botte
Curry	1 pointe
Romarin	2 branches
Ail	1 gousse
Bouillon de volaille	1 cube
Sel, poivre	

TOTAL ESTIMÉ 11,50 €

Merci de votre visite

007 / 0092 / 30/07/2013 / 12:05:55
Magasin : 00103 Ticket : 000025

1 35314234 123421456 6

Ouvrez les escalopes en deux en les coupant dans l'épaisseur pour obtenir de plus fines tranches. Assaisonnez-les de sel et de poivre.

Disposez une tranche de jambon blanc sur chaque escalope ouverte, puis recouvrez de tranches de camembert. Parsemez de ciboulette ciselée. Ficelez-les tout du long.

Faites bouillir une casserole d'eau avec le cube de bouillon de volaille. Mettez sur feu doux et faites pocher les escalopes en eau frémissante pendant 5 minutes. Mixez la chapelure avec le romarin et la gousse d'ail épluchée. Dans une jatte, battez les œufs.

Une fois les escalopes pochées, égouttez-les puis roulez-les dans la farine. Trempez-les dans les œufs battus puis dans la chapelure. Renouvelez l'opération. Faites frire les cordons-bleus dans l'huile portée à 180 °C pendant 8 minutes. Pendant ce temps, mélangez la moutarde et la crème, puis ajoutez le curry.

Assaisonnez les cordons-bleus dès la sortie de la friteuse et dégustez-les avec la sauce.

Astuce : on peut servir les cordons-bleus dans un filtre à café, présenté comme un wrap.

Polenta au cœur coulant

Mon chariot
pour 4 personnes

10 min de préparation
15 min de cuisson

Polenta	250 g
Bouillon de volaille	1 cube
Cancoillotte	125 g
Curry	1 pointe
Lardons	125 g
Mâche	1 sachet
Huile de noisette	

TOTAL ESTIMÉ 4,50 €

Merci de votre visite

007 / 0092 / 30/07/2013 / 12:05:55
Magasin : 00103 Ticket : 000025

1 35314234 123421456 6

Faites chauffer 1 litre d'eau avec le cube de bouillon de volaille. Portez à ébullition et versez la polenta en pluie. Mélangez avec une spatule en bois et ajoutez le curry. Détendez avec un peu d'eau, si nécessaire, pour obtenir une polenta crémeuse.

Faites revenir les lardons à la poêle.

Chemisez 4 emporte-pièces de polenta en réalisant un puits à fond épais. Garnissez-les de lardons et recouvrez d'1 grosse cuillerée à soupe de cancoillotte. Refermez avec de la polenta.

Enfournez 4 minutes à 180 °C. Servez chaud avec une salade de mâche juste assaisonnée d'huile de noisette.

Astuce : si vous n'avez pas d'emporte-pièce, récupérez des boîtes de conserve, type boîte de thon, et ouvrez-les des deux côtés.

ON SE MET AU VERT ?

Radis-beurre

Mon chariot
pour 4 personnes

15 min de préparation

Radis	24
Beurre	400 g
Paprika	2 c. à s.
Persil déshydraté	2 c. à s.
Saucisse sèche	1/2
Sel, poivre	

TOTAL ESTIMÉ 5,50 €

Merci de votre visite

007 / 0092 / 30/07/2013 / 12:05:55
Magasin : 00103 Ticket : 000025

1 35314234 123421456 6

Lavez et équeutez les radis.

Séparez le beurre en deux masses.

Mélangez le beurre jusqu'à l'obtention d'un beurre pommade. Dans une partie, ajoutez le paprika, dans l'autre le persil. Assaisonnez de sel et de poivre.

Trempez les radis dans chacun des beurres et disposez-les sur les tranches de saucisson.

Tian de légumes

Mon chariot
pour 6 personnes

25 min de préparation
1 h 30 de cuisson

Oignons rouges	4
Tomates concassées	1 grosse boîte
Sucre	1 c. à c.
Ail	3 gousses
Aubergines	3
Tomates	4
Courgettes	4
Herbes de Provence	
Huile d'olive	
Sel, poivre	

TOTAL ESTIMÉ 5,00 €

Merci de votre visite

007 / 0092 / 30/07/2013 / 12:05:55
Magasin : 00103 Ticket : 000025

1 35314234 123421456 6

Faites revenir les oignons émincés dans l'huile d'olive. Ajoutez le concassé de tomates, l'ail en chemise et le sucre. Salez, poivrez et laissez mijoter environ 30 minutes.

Lavez les légumes. Épluchez les aubergines. Coupez les courgettes, les aubergines et les tomates en fines rondelles à l'aide d'une mandoline.

Dans un plat allant au four, montez le tian en alternant les différents légumes. À chaque couche, versez du concassé de tomates. Saupoudrez d'herbes de Provence.

Enfournez à 180 °C pour 1 heure.

Cannellonis aux légumes et au bleu

Mon chariot
pour 4 personnes

20 min de préparation
30 min de cuisson

Courgettes	2
Poivron jaune	1
Poivron rouge	1
Poivron vert	1
Oignons rouges	2
Ail	2 gousses
Sauge	3 feuilles
Romarin	1 branche
Ricotta	400 g
Pâte à Pasta Herta®	300 g
Roquefort	150 g
Crème liquide	15 cl
Huile d'olive	1 c. à s.
Sel, poivre	

TOTAL ESTIMÉ 10,00 €

Merci de votre visite

007 / 0092 / 30/07/2013 / 12:05:55
Magasin : 00103 Ticket : 000025

1 35314234 123421456 6

Lavez puis détaillez les légumes en tout petits dés. Faites-les revenir dans l'huile d'olive avec les gousses d'ail en chemise. Ciselez la sauge et le romarin, ajoutez-les dans la poêle. Laissez refroidir puis ajoutez la ricotta. Rectifiez en sel et poivre. Mettez en poche.

Pendant ce temps, faites cuire la Pâte à Pasta® *al dente*. Découpez des carrés de pâte de 10 cm par 10 cm. Puis pochez-les en plusieurs fois dans l'eau bouillante salée pendant 2 minutes. Refroidissez les carrés de pâte aussitôt dans une eau glacée.

Préchauffez le four à 200 °C.

À 2 cm du bord, pochez un boudin de légumes puis roulez les cannellonis. Disposez-les dans un plat à gratin, versez la crème, puis recouvrez de morceaux de bleu. Couvrez le plat avec une feuille d'aluminium et enfournez pour 10 minutes environ.

Tartelettes toutes vertes

Mon chariot
pour 4 personnes

5 min de préparation
40 min de cuisson

Haricots verts surgelés	125 g
Petits pois surgelés	125 g
Brocolis surgelés	125 g
Courgettes surgelées	125 g
Oignon	1
Œufs	4
Lait	70 cl
Crème	15 cl
Fromage râpé	90 g
Muscade	1 pincée
Pâte brisée	1 rouleau
Huile d'olive	1 c. à s.
Sel, poivre	

TOTAL ESTIMÉ 10,00 €

Merci de votre visite

007 / 0092 / 30/07/2013 / 12:05:55
Magasin : 00103 Ticket : 000025

1 35314234 123421456 6

Laissez décongeler tous les légumes.
Faites blanchir les haricots verts dans un grand volume d'eau salée.

Émincez et faites rapidement revenir l'oignon dans un peu d'huile.

Préchauffez le four à 180 °C.

Battez les œufs, versez la crème, le lait, le gruyère et la muscade. Salez, poivrez.

Étalez la pâte dans des moules à tarte individuels. Si vous réalisez une grande tarte, faites cuire la pâte à blanc au préalable. Disposez les légumes dans les fonds de tarte et versez l'appareil.

Enfournez pour 35 à 40 minutes.

Cappuccinos de champignons à la noisette

Mon chariot
pour 4 personnes

15 min de préparation
45 min de cuisson

Champignons de Paris frais	800 g
Échalotes	3
Persil plat	1/2 botte
Beurre	20 g
Lait	25 cl
Bouillon de légumes	1 cube
Noisettes entières	30 g
Huile de noisette	4 cl
Crème liquide à 30 % de M.G.	125 g
Sel, poivre	

TOTAL ESTIMÉ 7,00 €

Merci de votre visite

007 / 0092 / 30/07/2013 / 12:05:55
Magasin : 00103 Ticket : 000025

1 35314234 123421456 6

Rincez les champignons de Paris puis émincez-les. Épluchez et ciselez finement les échalotes et le persil.

Dans une sauteuse, faites revenir les champignons dans le beurre mousseux. Ajoutez l'échalote. Faites cuire au moins 10 minutes à feu moyen. Versez le lait et 25 cl d'eau en ajoutant le cube de bouillon de légumes, puis portez à ébullition. Le lait permet de garder les champignons bien blancs. Baissez le feu et laissez mijoter au moins 30 minutes.

Mixez les champignons avec le bouillon de cuisson puis rectifiez l'assaisonnement.
Torréfiez les noisettes dans une poêle à sec, à feu réduit, pendant quelques minutes, puis mixez-les dans un blender afin d'obtenir une poudre fine. Rectifiez l'assaisonnement avec un peu de sel.

Dressez les cappuccinos de champignons dans des tasses à café. Montez la crème liquide très froide à l'aide d'un batteur, ajoutez l'huile de noisette, puis disposez-la sur les cappuccinos. Saupoudrez de poudre de noisette et de persil ciselé.

Velouté de potiron et sa tartine persillée

Mon chariot
pour 6 personnes

15 min de préparation
30 min de cuisson

Potiron	2 kg
Bouillon de volaille	1 cube
Lardons fumés	100 g
Lait	115 cl
Curry	1 pointe
Crème liquide	70 cl
Kiri®	4
Pain de campagne	4 tranches
Boursin®	150 g
Jambon cru	3 tranches épaisses
Persil	1/2 botte
Huile d'arachide	1 c. à s.
Sel, poivre	

TOTAL ESTIMÉ 9,00 €

Merci de votre visite

007 / 0092 / 30/07/2013 / 12:05:55
Magasin : 00103 Ticket : 000025

1 35314234 123421456 6

Épluchez le potiron et détaillez-le en cubes. Faites-les cuire dans 1,5 litre d'eau et 1 litre de lait avec le cube de bouillon de volaille, les lardons et le curry.

Lorsque le potiron est cuit, récupérez les morceaux à l'aide d'une écumoire, et le bouillon dans un petit récipient. Mixez les morceaux au blender en ajoutant 15 cl de lait, les Kiri® et la crème liquide. En fin de mixage, pour détendre le velouté, ajoutez le reste de bouillon. Salez, poivrez.

Émincez les tranches de jambon cru en petits morceaux et faites-les revenir dans une poêle avec un peu d'huile pour les colorer.

Tartinez les tranches de pain de Boursin®. Vous pouvez dresser le fromage à la poche et parsemez de paillettes de jambon cru et de persil ciselé.

ON SE TAILLE UNE BAVETTE ?

Choux apéro pop

Mon chariot
pour 4 personnes

20 min de préparation
35 min de cuisson - 30 min de réfrigération

Craquelins salés :

Beurre demi-sel	100 g
Farine	100 g
Chapelure	100 g
Persil plat frais ou	100 g
déshydraté	30 g

Pâte à choux :

Eau	125 g
Lait	125 g
Beurre	125 g
Sel fin	1 c. à c.
Sucre	1 c. à c.
Farine	165 g
Œufs	4

Garniture :

Mousse de canard	250 g
Porto	6 cl
Confiture de cerises	30 g
Sel, poivre	

TOTAL ESTIMÉ 6,00 €

Merci de votre visite

007 / 0092 / 30/07/2013 / 12:05:55
Magasin : 00103 Ticket : 000025

1 35314234 123421456 6

Dans un bol, mélangez le beurre avec la farine et la chapelure. Hachez le persil le plus finement possible puis mélangez-le à la pâte. Abaissez l'appareil à craquelins entre deux feuilles de papier de cuisson puis laissez refroidir au réfrigérateur.

Dans une casserole, faites chauffer l'eau et le lait avec le beurre ainsi que le sel et le sucre. Quand celui-ci est fondu, versez en une seule fois la farine hors du feu et mélangez bien afin de sécher la pâte. Elle doit être bien homogène et se détacher des parois. Débarrassez-la dans un bol puis incorporez les œufs un à un. La pâte doit être onctueuse, surtout pas liquide. Mettez-la dans une poche pâtissière munie d'une douille lisse.

Préchauffez le four à 165 °C.

Pochez des petits choux sur une feuille de papier de cuisson. Détaillez des disques de craquelins nature puis disposez-les sur les choux sans appuyer. Enfournez à 165 °C pour 30 à 35 minutes sans ouvrir la porte du four. Débarrassez ensuite dans un endroit sec.

Pendant ce temps, dans le blender, mélangez la mousse de canard, le porto et la confiture de cerises. Rectifiez l'assaisonnement en sel et en poivre. Débarrassez dans une poche.

À l'aide de la pointe d'un couteau, incisez les choux puis garnissez-les avec l'appareil. Réservez au frais.

Ribs de porc à la chinoise

Mon chariot
pour 4 personnes

10 min de préparation
1 h de cuisson - 1 nuit de marinade

Sauce barbecue	18 cl
Sauce de soja	15 cl
Jus d'orange	6 cl
Miel	2 c. à s.
Gingembre	10 g
Ail	1 gousse
Travers de porc (à l'américaine)	2 kg
Poivre	

TOTAL ESTIMÉ 15,00 €

Merci de votre visite

007 / 0092 / 30/07/2013 / 12:05:55
Magasin : 00103 Ticket : 000025

1 35314234 123421456 6

Réalisez la marinade en mélangeant la sauce barbecue, la sauce de soja, le jus d'orange, le miel, le gingembre haché et l'ail en chemise. Poivrez.

Enveloppez les travers de porc dans du film alimentaire avec la marinade et laissez-les mariner 1 nuit au frais.

Sortez les travers de la marinade, réservez-la et préchauffez le four à 180 °C.

Disposez les travers dans un plat, recouvrez d'une feuille d'aluminium et enfournez pour 45 minutes.
Arrosez régulièrement avec la marinade. Ôtez la feuille d'aluminium et enfournez de nouveau 15 minutes environ jusqu'à ce que les travers soient bien dorés.

Terrine de foies de volaille

Mon chariot
pour 6 personnes

10 min de préparation
1 h de cuisson - 36 h de repos

Foies de volaille	350 g
Cognac ou porto	3 c. à s.
Thym	2 branches
Laurier	6 feuilles
Œuf	1
Noisettes entières	80 g
Farine	2 c. à s.
Curry	1 pointe
Beurre	20 g
Sel, poivre	

TOTAL ESTIMÉ 6,00 €

Merci de votre visite

007 / 0092 / 30/07/2013 / 12:05:55
Magasin : 00103 Ticket : 000025

1 35314234 123421456 6

Nettoyez les foies de volaille et rincez-les sous l'eau claire. Mettez-les à macérer dans l'alcool et assaisonnez-les. Ajoutez 1 branche de thym et 3 feuilles de laurier. Enveloppez le tout dans un film alimentaire et laissez mariner 1 nuit.

Le lendemain, ôtez le laurier et le thym et égouttez les foies. Réservez la marinade et 100 g de foies. Torréfiez les noisettes dans une poêle. Mixez le reste avec la marinade, l'œuf, 1 cuillerée à soupe de farine, le curry et les noisettes entières torréfiées.

Préchauffez le four à 150 °C.

Beurrez légèrement une terrine, versez le hachis et parsemez le reste de foies en les enfonçant légèrement. Garnissez avec le thym et le laurier restants. Fermez hermétiquement la terrine en mélangeant le reste de farine avec 1 cuillerée d'eau. Puis enfournez 1 heure au bain-marie à 150 °C. Laissez refroidir au minimum 1 nuit.

Pot-au-feu

Mon chariot pour
8 gourmands

15 min de préparation
5 h de cuisson

Carottes	8
Navets	2
Poireaux	3
Pommes de terre	8
Oignons	3
Clous de girofle	5
Jarret de bœuf	1 pièce (3 kg)
Paleron de bœuf	400 g
Plat de côtes	400 g
Queue de bœuf	500 g (facultatif)
Os à moelle	5
Ail	1 tête
Laurier	2 feuilles
Thym	1 branche
Bouillon de veau	1 cube
Gros sel	1 poignée

TOTAL ESTIMÉ 40,00 €

pour 2 recettes (voir page 70)

Merci de votre visite

007 / 0092 / 30/07/2013 / 12:05:55
Magasin : 00103 Ticket : 000025

1 35314234 123421456 6

Rincez la viande et les légumes sous l'eau froide. Parez le vert des poireaux, ouvrez-les en 4 et rincez-les sous l'eau. Épluchez les navets et les carottes. Piquez les oignons avec les clous de girofle.

Plongez la viande dans un grand faitout. Ajoutez les légumes, les gousses en chemise coupées en deux, les carottes, les poireaux, les oignons cloutés, le laurier, le thym, le cube de bouillon de veau et le gros sel.

Quand les légumes sont cuits, retirez-les et poursuivez la cuisson de la viande à petit feu. Comptez au moins 3 à 4 heures. La viande est cuite quand elle est molle et que la viande du jarret se détache de l'os.

Retirez la viande du faitout et pochez les os à moelle 5 minutes après la reprise de l'ébullition. Retirez-les et faites cuire les pommes de terre.

Dressez le tout dans un grand plat et dégustez. Ce plat est encore meilleur réchauffé.

Astuces :
Pour un pot-au-feu plus rapide, faites cuire la viande dans une cocotte-minute® et comptez 2 heures.
Pour un pot-au-feu encore moins cher, n'utilisez que du jarret et du paleron de bœuf.

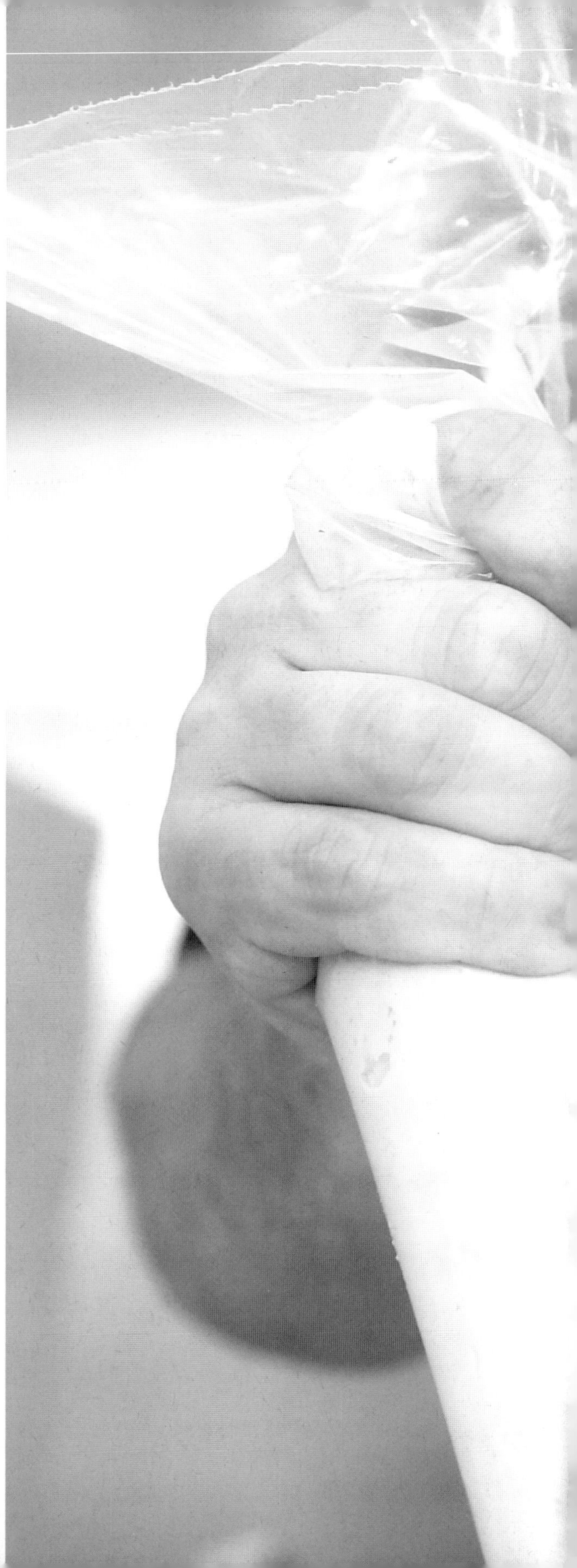

Terrine de pot-au-feu

Mon chariot
pour 8 personnes

15 min de préparation
24 h de réfrigération

Les restes du pot-au-feu	
Moutarde à l'ancienne	1 c. à s.
Feuilles de gélatine	10

TOTAL ESTIMÉ 2,00 €

Merci de votre visite

007 / 0092 / 30/07/2013 / 12:05:55
Magasin : 00103 Ticket : 000025

1 35314234 123421456 6

Superposez plusieurs feuilles de film alimentaire, mouillez-les et chemisez-en la terrine.

Récupérez le bouillon chaud et assaisonnez-le de sel et de poivre, et éventuellement de moutarde à l'ancienne. Faites-y fondre la gélatine au préalable trempée dans de l'eau froide et essorée.

Versez un peu de bouillon chaud dans le fond de la terrine, puis montez-la en intercalant les légumes et la viande et en mouillant régulièrement avec le bouillon. Tassez bien et réservez 1 nuit au réfrigérateur.

Tourte orientale

Mon chariot
pour 4 personnes

15 min de préparation
1 h 50 de cuisson

Sauté d'épaule d'agneau	400 g
Merguez	4
Oignons	3
Courgettes	2
Navet rond	1
Carottes	4
Amandes entières	60 g
Raisins blancs	80 g
Pois chiches cuits en boîte	80 g
Miel	100 g
Ras-el-Hanout	2 c. à c.
Cumin	1 c. à c.
Curcuma	1 c. à c.
Harissa	1 c. à c.
Ail	3 gousses
Persil déshydraté	1 c. à s.
Pâte brisée	1 rouleau
Jaune d'œuf	1
Huile d'olive	2 c. à s.

TOTAL ESTIMÉ 11,50 €

Merci de votre visite

007 / 0092 / 30/07/2013 / 12:05:55
Magasin : 00103 Ticket : 000025

1 35314234 123421456 6

Émincez les oignons, les courgettes, le navet et les carottes. Recoupez les morceaux d'agneau et coupez les merguez en tronçons.

Faites colorer l'agneau et les merguez dans un peu d'huile d'olive. Ajoutez les oignons, l'ail en chemise, les courgettes, le navet et les carottes. Laissez mijoter, puis ajoutez les amandes, les raisins, les pois chiches. Puis ajoutez le miel et les épices. Mouillez avec un peu d'eau. Laissez cuire 1 h 30 à feu doux. Laissez refroidir.

Préchauffez le four à 200 °C.

Versez la préparation dans un plat à tajine, parsemez de persil et recouvrez de la pâte brisée légèrement dorée à l'œuf. Rentrez les bords et soudez-les.

Enfournez pour 20 minutes à 200 °C.

Poulet rôti en mieux

Mon chariot
pour 6 personnes

20 min de préparation
1 h 05 de cuisson

Beurre	200 g
Cerneaux de noix	125 g
Poulet	1
Pommes de terre grenaille	500 g
Ail	3 gousses
Thym	2 branches
Laurier	2 feuilles
Pleurotes	500 g
Huile d'arachide	
Persil déshydraté	

TOTAL ESTIMÉ 14,00 €

Merci de votre visite

007 / 0092 / 30/07/2013 / 12:05:55
Magasin : 00103 Ticket : 000025

1 35314234 123421456 6

Pour la farce, concassez les noix. Mélangez-les avec le beurre jusqu'à l'obtention d'une consistance de pommade.

Découpez les cuisses et les ailes du poulet. Entaillez la peau sur le milieu de la cuisse pour ne pas arracher la peau des filets. Enlevez la cuisse jusqu'au sot-l'y-laisse, puis détachez le dos de la volaille.
Préchauffez le four à 180 °C.

Préparez le coffre du poulet. Décollez la peau des filets délicatement en veillant à ne pas la percer. À l'aide d'une poche pâtissière jetable, pochez le beurre aux noix entre la peau et la chair de la volaille. Ficelez le coffre avec une ficelle fine pour bien fermer la peau. Ajoutez 1 gousse d'ail coupée en deux, 1 branche de thym et 1 feuille de laurier.

Enfournez les cuisses pour 40 minutes avec la gousse d'ail et l'échalote coupées en deux avec leur peau, le thym et le laurier. À 25 minutes de cuisson, ajoutez le coffre de la volaille préparé.

Pendant ce temps, faites cuire les pommes de terre grenaille dans une casserole d'eau froide et faites chauffer à feu moyen pendant environ 15 minutes à petite ébullition.

Lavez les pleurotes, effilochez-les et faites les revenir dans un filet d'huile. En milieu de cuisson, ajoutez 1 gousse d'ail en chemise et du persil déshydraté. Ajoutez les pommes de terre aux pleurotes et faites revenir 5 minutes.

Servez aussitôt que le poulet est cuit sur un lit de pleurotes et de pommes de terre grenaille.

Astuce : vous pouvez conserver le dos de la volaille pour un bouillon. Vous pouvez même le congeler.

Hamburgers campagnards

Mon chariot
pour 4 personnes

15 min de préparation
20 min de cuisson

Oignons jaunes	4
Sucre	20 g
Beurre	10 g
Mayonnaise	200 g
Ketchup	100 g
Sauce Worcestershire	2 c. à s.
Cognac	1 c. à s.
Viande hachée	800 g
Échalotes	2
Moutarde Savora®	50 g
Cornichons russes	4
Tomates	2
Fromage à raclette	12 tranches
Roquette	1/2 sachet
Pain de campagne	8 tranches

TOTAL ESTIMÉ 11,00 €

Merci de votre visite

007 / 0092 / 30/07/2013 / 12:05:55
Magasin : 00103 Ticket : 000025

1 35314234 123421456 6

Réalisez la compote d'oignons. Émincez-les et faites-les revenir dans une poêle avec un fond d'eau, le beurre et le sucre jusqu'à caramélisation.

Réalisez la sauce cocktail en mélangeant la mayonnaise avec le ketchup, la sauce Worcestershire et le cognac. Mélangez la viande hachée avec la moutarde et les échalotes émincées.

Toastez les tranches de pain sur une seule face et faites cuire les steaks.

Préchauffez le four à 200 °C.

Montez les hamburgers en disposant sur 1 tranche de pain de la compote d'oignons, la viande, 1 tranche de fromage, des rondelles de tomates et de cornichons, puis un peu de roquette et de nouveau 1 tranche de raclette. Terminez par 1 tranche de pain de campagne et 1 tranche de fromage.

Fixez les hamburgers avec une pique en bois et enfournez 3 minutes à 200 °C. Servez aussitôt, avec la sauce cocktail.

Poulet au vin blanc

Mon chariot
pour 6 personnes

10 min de préparation
1 h 10 de cuisson

Cuisses de poulet	6
Carottes	4
Champignons de Paris	1 boîte
Échalotes	3
Ail	1 gousse
Laurier	1 feuille
Farine	2 c. à s.
Vin blanc	25 cl
Crème fraîche	30 cl
Muscade râpée	1 pincée
Persil frais ou déshydraté	
Huile d'olive	2 c. à s.
Sel, poivre	

TOTAL ESTIMÉ 13,00 €

Merci de votre visite

007 / 0092 / 30/07/2013 / 12:05:55
Magasin : 00103 Ticket : 000025

1 35314234 123421456 6

Faites chauffer l'huile dans une cocotte puis faites dorer les morceaux de poulet pendant 10 minutes.

Ajoutez les carottes épluchées et coupées en tronçons, les échalotes émincées, le laurier, l'ail haché et les champignons égouttés. Laissez cuire quelques minutes puis saupoudrez de farine. Remuez afin de bien enrober tous les morceaux de poulet. Mouillez avec le vin blanc et 50 cl d'eau. Laissez mijoter pendant 1 heure environ à couvert.

Salez et poivrez en fin de cuisson, ajoutez la muscade puis liez la sauce avec la crème fraîche. Parsemez de persil.

Porc rôti et butternut à l'aigre-doux

Mon chariot
pour 4 personnes

10 min de préparation
1 h 10 de cuisson

Palette de porc sans os	800 g
Miel	125 g
Vin blanc	10 cl
Vinaigre d'alcool	10 cl
Ail	2 gousses
Gingembre	10 g
Courge butternut	1
Beurre	150 g
Oignons blancs	2
Coriandre fraîche	1/2 botte

TOTAL ESTIMÉ 7,50 €

Merci de votre visite

007 / 0092 / 30/07/2013 / 12:05:55
Magasin : 00103 Ticket : 000025

1 35314234 123421456 6

Dans une poêle avec un peu d'huile, faites cuire longuement à feu moyen la palette de porc assaisonnée au préalable de sel et de poivre, pendant environ 25 minutes.

Dans une cocotte, mettez le miel, le vin blanc, le vinaigre, l'ail en chemise et le gingembre. Faites bouillir, puis laissez infuser environ 20 minutes hors du feu. Ôtez le gingembre et l'ail, puis ajoutez la butternut taillées en 4 pavés. Laissez cuire jusqu'à totale évaporation du jus. Ajoutez le beurre et mouillez avec 20 cl d'eau. Laissez réduire jusqu'à totale évaporation. Retirez les courges et faites caraméliser les oignons émincés.

Coupez la palette en 4 portions et dressez chaque morceau sur de la compotée d'oignons. Disposez un pavé de butternut à côté et parsemez de coriandre ciselée.

ÇA SENT LA MARÉE !

Club-sardines

Mon chariot
pour 6 personnes

20 min de préparation
10 min de cuisson

Œufs	4
Sardines à l'huile d'olive	200 g
St Môret®	150 g
Échalote	1
Vinaigre de xérès	1 c. à c.
Aneth déshydraté	1 c. à c.
Citrons jaunes	2
Pomme granny smith	1
Concombre	1
Radis	6
Pain de mie	16 tranches

TOTAL ESTIMÉ 11,00 €

Merci de votre visite

007 / 0092 / 30/07/2013 / 12:05:55
Magasin : 00103 Ticket : 000025

1 35314234 123421456 6

Faites cuire les œufs dans de l'eau chaude pendant 11 minutes. Lorsque les œufs sont cuits, passez-les sous l'eau froide, puis coupez-les en rondelles.

Pendant ce temps, écrasez les sardines avec le St Môret®, l'aneth, 1 cuillerée à café d'huile d'olive des sardines et l'échalote ciselée. Ajoutez le vinaigre et arrosez du jus d'1 citron.

Taillez la pomme en tranches très fines à l'aide d'une mandoline et citronnez-les pour qu'elles ne noircissent pas. Coupez le concombre en larges tagliatelles à l'aide d'un économe. Lavez, taillez et râpez les radis.

Toastez les tranches de pain de mie puis tartinez-les avec la préparation à la sardine. Montez le club comme suit : tranche de pain, rondelles d'œufs, radis râpés, tranche de pain, rondelles de pommes, radis râpés, tranche de pain, tagliatelles de concombre, radis râpés. Terminez par une tranche de pain et décorez selon vos envies.

Maqquereau grillé et taboulé exotique

Carpaccio de crevettes

Mon chariot
pour 4 personnes

20 min de préparation
20 min de cuisson

Crevettes roses cuites	24
Bouillon de volaille	1/2 cube
Échalote	1
Branche de thym	1
Gousse d'ail	1
Avocats	2
Citron jaune	1
Crème liquide	100 g
Pomélo rose	1
Piment d'Espelette	1 pointe
Ketchup	1 c. à s.
Moutarde	1 c. à c.
Huile d'olive	15 cl
Roquette	30 g
Fleur de sel	

TOTAL ESTIMÉ 8,00 €

Merci de votre visite

007 / 0092 / 30/07/2013 / 12:05:55
Magasin : 00103 Ticket : 000025

1 35314234 123421456 6

Décortiquez les crevettes. Réservez les têtes et les carapaces et faites-les revenir dans une casserole avec 5 cl d'huile. Laissez-les colorer légèrement puis mouillez avec 15 cl d'eau et 1/2 cube de bouillon de volaille. Ajoutez l'échalote ciselée, le thym, la gousse d'ail écrasée et une pointe de couteau de piment d'Espelette. Laissez réduire de moitié. Passez à l'étamine (passoire très fine), puis réservez au froid.

Dans un blender, mixez les avocats épluchés et dénoyautés avec le jus du citron pressé et la crème. Le mélange doit être lisse. Rectifiez l'assaisonnement puis réservez le mélange dans une poche pâtissière jetable.

À l'aide d'un couteau, pelez à vif le pomélo et prélevez les suprêmes. Hachez-les grossièrement et mélangez-les avec le jus des têtes. Ajoutez 10 cl d'huile d'olive, puis rectifiez l'assaisonnement avec le ketchup et la moutarde. Laissez réduire pour obtenir une vinaigrette épaisse.

Aplatissez les crevettes entre une planche à découper et une lame de couteau. Pour ce faire, exercez une pression sur la lame avec la paume de la main. Une fois la crevette aplatie, coupez les bords pour former un beau rectangle, et disposez-le directement sur l'assiette. Renouvelez l'opération pour dessiner une large bande de crevettes aplaties. Comptez environ six crevettes par assiette.

Pochez des pointes de crème d'avocat, décorez de quelques feuilles de roquette, déposez la vinaigrette de pomélo et parsemez de fleur de sel.

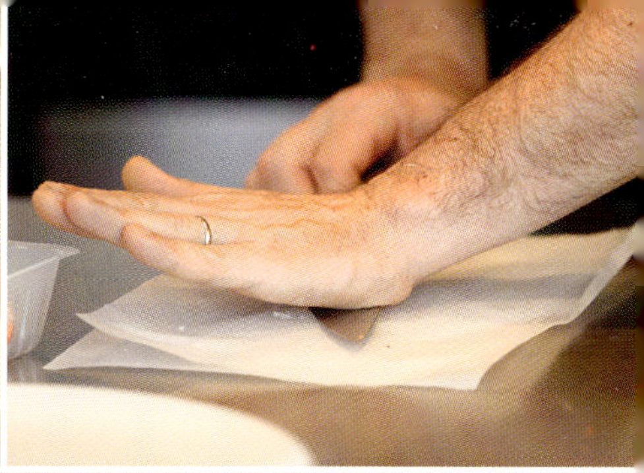

Pizza au thon

Mon chariot pour 4 personnes

20 min de préparation
40 min de cuisson

Poivron vert	1
Céleris branches	2
Oignons rouges	2
Échalotes	2
Olives noires dénoyautées	10
Tomates pelées entières	250 g
Thon en boîte	250 g
Ail	3 gousses
Thym	1 branche
Pâtes à pizza	2 rouleaux
Huile d'olive	15 cl
Moutarde	10 g
Vinaigre de xérès	4 cl
Roquette	1/2 sachet

TOTAL ESTIMÉ 16,00 €

Merci de votre visite

007 / 0092 / 30/07/2013 / 12:05:55
Magasin : 00103 Ticket : 000025

1 35314234 123421456 6

Coupez en petits dés le poivron, les céleris branches, les oignons rouges et 1 échalote. Hachez grossièrement les olives noires. Faites revenir le tout dans une casserole avec l'huile d'olive.

Égouttez et concassez les tomates en prenant soin de conserver le jus et 1 tomate pour le coulis. Ajoutez les tomates dans la préparation puis le thon en boîte. Mélangez bien et ajoutez 2 gousses d'ail en chemise et le thym. Laissez infuser le temps de la cuisson, soit environ 20 minutes.

Dans une casserole, faites revenir dans un peu d'huile d'olive l'autre échalote puis versez le jus des tomates et la tomate hachée finement. Ajoutez la gousse d'ail restante en chemise, le vinaigre de xérès. Laissez réduire un peu, puis montez à la moutarde et à l'huile d'olive. Mixez le tout dans un blender comme un coulis. Réservez au frais. Préchauffez le four à 200 °C.

Déroulez les deux pâtes à pizza sur le plan de travail légèrement fariné. À l'aide d'un bol (de petit-déjeuner), réalisez deux disques (un dans chaque pâte) et piquez-les. Disposez-les sur la plaque du four et enfournez pour 7 minutes à 200 °C. En fin de cuisson, la pâte doit être croustillante. Laissez refroidir.

Dans une assiette, disposez un premier disque de pâte à pizza, dressez la provençale de thon au centre, ajoutez quelques tranches d'oignons rouges, de la roquette et fermez avec le deuxième disque. Servez à part le coulis.

Curry thaï de moules

Mon chariot pour 4 personnes

10 min de préparation
10 min de cuisson

Haricots mange-tout	100 g
Citronnelle	4 bâtons
Gingembre frais	20 g
Échalote	1
Pâte de curry vert	1 c. à s.
Moules de bouchot	2 kg
Lait de coco	40 cl
Nuoc-mâm	1 c. à s.
Ail	3 gousses
Coriandre	1 botte

TOTAL ESTIMÉ 12,00 €

Merci de votre visite

007 / 0092 / 30/07/2013 / 12:05:55
Magasin : 00103 Ticket : 000025

1 35314234 123421456 6

Lavez et émincez finement les haricots mange-tout.

Émincez la citronnelle. Hachez le gingembre et ciselez l'échalote.

Torréfiez le curry vert dans une poêle, puis ajoutez les moules, préalablement rincées, jusqu'à ce qu'elles s'ouvrent. Versez ensuite le lait de coco et le nuoc-mâm.

Ajoutez la citronnelle, le gingembre, l'échalote et les gousses d'ail en chemise. Laissez infuser 4 minutes. Dressez et parsemez de coriandre.

Saumon vapeur, risotto coco

Mon chariot
pour 4 personnes

10 min de préparation
22 min de cuisson

Riz basmati	125 g
Lait de coco	375 g
Crème liquide	12,5 cl
Raisins blonds	50 g
Pavés de saumon surgelés	4
Aneth déshydraté	1 c. à s.
Citron vert	1

TOTAL ESTIMÉ 15,00 €

Merci de votre visite

007 / 0092 / 30/07/2013 / 12:05:55
Magasin : 00103 Ticket : 000025

1 35314234 123421456 6

Faites tremper les raisins blonds dans l'eau tiède pour les faire gonfler pendant 20 minutes.

Pendant ce temps, rincez le riz sous l'eau froide pour enlever l'amidon puis faites-le cuire dans une casserole avec le lait de coco. Le riz est cuit quand il a bu tout le lait de coco. Montez la crème fouettée.

Faites cuire le saumon décongelé dans un cuit-vapeur pendant 5 minutes environ.

Dans une boîte dotée d'un couvercle, disposez le riz mélangé avec les raisins puis incorporez la crème fouettée. Fermez la boîte et faites chauffer au micro-ondes pendant environ 2 minutes. Rectifiez l'assaisonnement, puis râpez du zeste de citron vert sur le riz. Mélangez.

Dans une assiette creuse, disposez le risotto puis le saumon. Parsemez d'aneth et versez un filet de jus du citron vert.

3kg
CAPACITY 3kg
SENSITIVITY 10g
900
100
800
200
700
300
600
400
500
500
400
600
300
700
200
800
100
900
2
1
900
100
800
200
700
300
600
400
500

Flétan au beurre d'orange, embeurrée de haricots

Mon chariot
pour 4 personnes

15 min de préparation
25 min de cuisson

Oranges	8
Citrons jaunes	2
Vin blanc	10 cl
Vinaigre de vin blanc	10 cl
Échalote	1
Crème liquide	50 cl
Estragon frais	1 botte
ou déshydraté	5 g
Beurre	250 g
Haricots verts surgelés	500 g
Filets de flétan	800 g
Huile d'arachide	2 c. à s.
Sel, poivre	

TOTAL ESTIMÉ 16,00 €

Merci de votre visite

007 / 0092 / 30/07/2013 / 12:05:55
Magasin : 00103 Ticket : 000025

1 35314234 123421456 6

Faites cuire les haricots verts dans de l'eau bouillante salée pendant 15 minutes ; ils doivent être croquants.

Pendant ce temps, pressez les oranges et les citrons. Faites réduire les jus avec le vin blanc, le vinaigre de vin blanc et l'échalote émincée, jusqu'à l'obtention d'une consistance sirupeuse. Versez la crème, laissez réduire 5 minutes. Incorporez en fouettant 125 grammes de beurre froid coupé en morceaux. Ajoutez l'estragon haché. Salez, poivrez. Réservez au chaud.

Pendant ce temps, émincez finement les haricots verts et incorporez 125 grammes de beurre fondu à la spatule.

Poêlez les filets de flétan sur chaque face dans l'huile pour qu'ils soient bien dorés, 4 minutes de chaque côté, pas plus. Dans chaque assiette, versez le beurre d'orange, déposez de l'embeurrée de haricots verts, puis le filet de flétan.

Lieu poêlé, compote de tomates au basilic

Mon chariot
pour 4 personnes

10 min de préparation
40 min de cuisson

Tomates fraîches	10
Oignons rouges	2
Ail déshydraté	1/2 c. à c.
Thym en pot	1 c. à c.
Vinaigre blanc	5 cl
Sucre	10 g
Basilic frais	1/2 botte
ou déshydraté	1 c. à c.
Pavés de lieu avec la peau	800 g
Huile d'olive	

TOTAL ESTIMÉ 14,00 €

Merci de votre visite

007 / 0092 / 30/07/2013 / 12:05:55
Magasin : 00103 Ticket : 000025

1 35314234 123421456 6

Lavez et taillez les tomates en quartiers. Épépinez-les, puis retaillez-les en petits dés. Épluchez et détaillez les oignons en petits cubes.

Dans une poêle, faites revenir les oignons dans un filet d'huile d'olive, ajoutez l'ail, le thym, le vinaigre blanc, le sucre, les tomates et le basilic. Laissez compoter 30 minutes à feu doux.

Dans une poêle, faites cuire le lieu sur la peau dans un filet d'huile d'olive pendant 4 minutes. Retournez-le et faites-le cuire 2 minutes côté chair. Dressez aussitôt.

Paella de coquillettes

Mon chariot
pour 6 personnes

20 min de préparation
30 min de cuisson

Encornets frais	2
Poulet	2 filets
Chorizo	1
Poivron jaune	1
Poivron vert	1
Poivron rouge	1
Oignons	2
Ail	1 gousse
Épices à paella	1 c. à c.
Coquillettes	300 g
Moules	300 g
Petits pois surgelés	100 g
Huile d'olive	

TOTAL ESTIMÉ 20,00 €

Merci de votre visite

007 / 0092 / 30/07/2013 / 12:05:55
Magasin : 00103 Ticket : 000025

1 35314234 123421456 6

Coupez les encornets en deux. Lavez-les, puis incisez-les en diagonale sur toute la surface, dans un sens puis dans l'autre. Découpez-les ensuite en bandes.

Coupez les filets de poulet en dés et le chorizo en rondelles. Lavez et coupez les poivrons et les oignons en dés. Réservez les parures.

Réalisez un jus en faisant revenir dans un peu d'huile d'olive les parures du poulet, du chorizo et des légumes, ainsi que la gousse d'ail en chemise coupée en deux. Mouillez avec 2 litres d'eau et ajoutez les épices à paella.

Faites revenir les coquillettes dans l'huile d'olive sans coloration, ajoutez les poivrons, les oignons, le chorizo. Faites revenir, puis ajoutez le bouillon. Ajoutez ensuite les calamars, les moules et le poulet. Laissez cuire 15 minutes. Rectifiez l'assaisonnement.

Au moment de servir, ajoutez les petits pois décongelés. Servez la paella en fonction de la cuisson des pâtes.

TOUT DOUX, MAMAN...

Parfaits glacés aux fruits rouges

Mon chariot
pour 4 personnes

5 min de préparation
4 h au congélateur

Gélatine	4 feuilles (4 g)
Crème chantilly	1 bombe
Yaourts nature	4
Confiture de fruits rouges	125 g
Cookies au chocolat	6

TOTAL ESTIMÉ 3,50 €

Merci de votre visite

007 / 0092 / 30/07/2013 / 12:05:55
Magasin : 00103 Ticket : 000025

1 35314234 123421456 6

Faites tremper la gélatine dans de l'eau froide. Dans un bol, mélangez les yaourts avec la confiture. Ajoutez la gélatine essorée et mélangez de nouveau. Incorporez enfin la crème chantilly.

Versez de suite dans des ramequins ou dans les pots de yaourt, puis placez-les au congélateur au minimum 4 heures.

Au dressage, broyez des cookies au chocolat et disposez les miettes dessus façon crumble.

Pommes au four et caramel crémeux

Mon chariot
pour 4 personnes

25 min de préparation
30 min de cuisson

Pommes golden	4
Werther's Original®	1 sachet
Crème liquide	200 g
Beurre	100 g
Crème épaisse	100 g
Sucre	40 g

TOTAL ESTIMÉ 4,00 €

Merci de votre visite

007 / 0092 / 30/07/2013 / 12:05:55
Magasin : 00103 Ticket : 000025

1 35314234 123421456 6

Coupez les extrémités des pommes pour réaliser des chapeaux.

Préchauffez le four à 200 °C.

Enlever les trognons et glissez 1 bonbon au caramel Werther's Original®, une noisette de beurre et 10 g de sucre dans chaque pomme.

Enfournez dans un moule à gratin à 200 °C pendant environ 30 minutes.

Pendant ce temps, faites fondre tous les autres bonbons Werther's Original® dans une casserole avec la crème liquide jusqu'à l'obtention d'une crème liquide caramel.

À la sortie du four, déposez 1 cuillerée à soupe de crème épaisse sur chaque pomme, nappez de crème caramel et terminez en déposant le chapeau avec la tige.

Choux pop sucrés

Mon chariot
pour 20 petits choux

30 min de préparation
35 min de cuisson - 30 min de réfrigération

Craquelins :	
Beurre	100 g
Sucre de canne ou blanc	100 g
Farine	100 g
Chocolat en poudre	50 g
Pâte à choux :	
Eau	125 g
Lait	125 g
Beurre	125 g
Sel fin	1 c. à c.
Sucre	1 c. à c.
Farine	165 g
Œufs	4
Garnitures :	
Carambar®	20
Crème liquide	225 g
Bananes	4
Sucre	20 g
Citrons jaunes	2
Beurre	15 g
Nutella®	125 g
Crème liquide à 30 % de M.G.	10 cl

TOTAL ESTIMÉ 14,00 €

Merci de votre visite

007 / 0092 / 30/07/2013 / 12:05:55
Magasin : 00103 Ticket : 000025

1 35314234 123421456 6

Dans un robot ou à la main, mélangez tous les ingrédients des craquelins jusqu'à l'obtention d'une pâte homogène. Abaissez-la entre deux feuilles de papier de cuisson sur une épaisseur de 2 mm et réservez au réfrigérateur.

Dans une casserole, faites chauffer l'eau et le lait avec le beurre ainsi que le sel et le sucre. Quand celui-ci est fondu, versez en une seule fois la farine hors du feu et mélangez bien afin de sécher la pâte. Elle doit être bien homogène et se détacher des parois. Débarrassez-la dans un bol puis incorporez les œufs un à un. La pâte doit être onctueuse, surtout pas liquide. Mettez-la dans une poche pâtissière munie d'une douille lisse.

Pochez des petits choux sur une feuille de papier de cuisson. Détaillez des disques de craquelins chocolatés puis disposez-les sur les choux sans appuyer. Enfournez à 165 °C pour 30 à 35 minutes sans ouvrir la porte du four. Débarrassez ensuite dans un endroit sec.

Pendant ce temps, dans une casserole, faites fondre les Carambar® avec 100 grammes de crème et faites réduire à feux doux afin d'obtenir un mélange crémeux. Laissez refroidir, puis incorporez délicatement 125 g de crème préalablement fouettée.

Dans une autre casserole, faites compoter les bananes avec le sucre, 5 cl d'eau, le beurre et le jus des citrons. En fin de cuisson, écrasez bien les bananes à la fourchette. Vous pouvez ajouter de la cannelle ou du curry.

Montez la crème fouettée (30 %) pas trop ferme, puis incorporez-la au Nutella®.

Mettez les appareils dans des poches pâtissières et garnissez les choux.

Îles flottantes exotiques

Mon chariot
pour 4 personnes

10 min de préparation
10 min de cuisson

Blancs d'œufs frais	200 g
Sucre glace	125 g
Noix de coco râpée	25 g
Jus de fruit de la passion	50 cl
Maïzena®	5 g
Sucre	100 g
Corn-flakes	50 g
Huile	

TOTAL ESTIMÉ 5,00 €

Merci de votre visite

007 / 0092 / 30/07/2013 / 12:05:55
Magasin : 00103 Ticket : 000025

1 35314234 123421456 6

Montez les blancs en neige. Au moment où ils sont bien mousseux, versez progressivement le sucre glace en pluie, puis montez-les fermement. Ajoutez la noix de coco, laissez tourner le fouet, mais attention à ne pas trop les monter pour éviter qu'ils ne forment des grains.

À l'aide d'un bol de petit-déjeuner, moulez les blancs et faites-les cuire au micro-ondes environ 15 à 20 secondes à puissance maximum. Démoulez à chaud et réservez-les au frais.

Dans une casserole, faites réduire le jus de fruit de la passion. Diluez la Maïzena® dans un peu d'eau froide puis versez-la dans la casserole pour faire épaissir le mélange. Faites bouillir de nouveau et réservez au frais.

Dans une poêle, réalisez un caramel à sec. Sortez la poêle du feu, versez les corn-flakes. Mélangez délicatement puis versez le mélange sur une feuille de papier de cuisson huilée. Laissez refroidir puis cassez des morceaux.

Dans une assiette creuse, versez le coulis de fruit de la passion, puis disposez l'île flottante. Décorez avec des éclats de corn-flakes caramélisés.

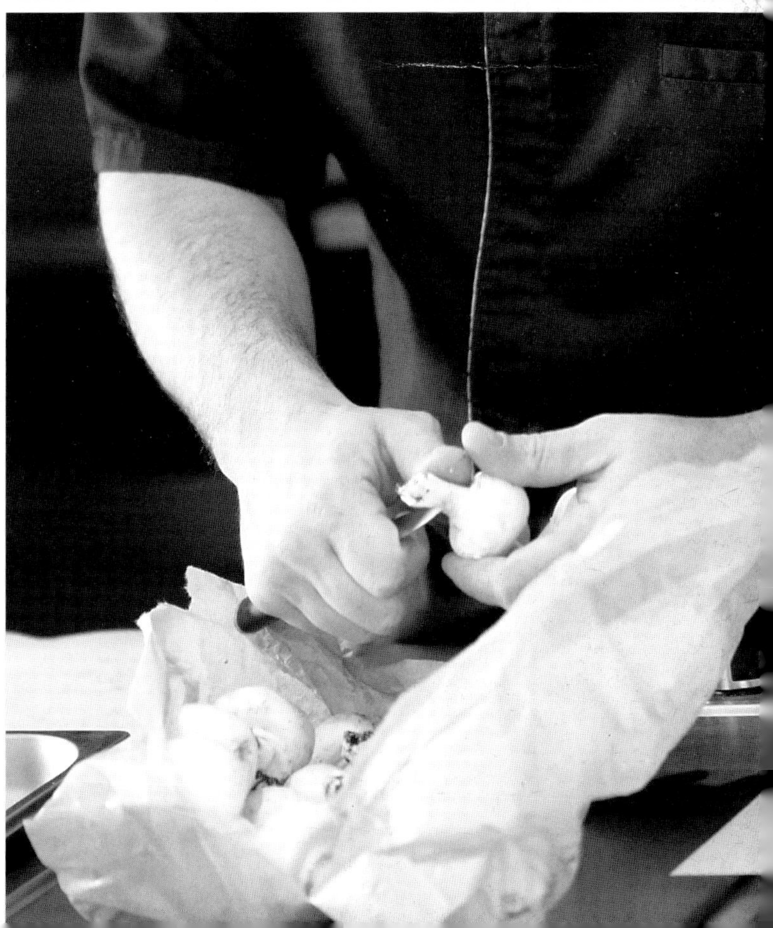

Crousti'choc

Mon chariot
pour 4 personnes

15 min de préparation
10 min de cuisson

Feuilles de brick	8
Chocolat noir 70 %	1 tablette de 200 g
Beurre de cacahuète	150 g
Cacahuètes	80 g
Sucre	100 g
Jaune d'œuf	1

TOTAL ESTIMÉ 4,00 €

Merci de votre visite

007 / 0092 / 30/07/2013 / 12:05:55
Magasin : 00103 Ticket : 000025

1 35314234 123421456 6

Au centre de chaque feuille de brick, disposez 1 cuillerée à soupe de beurre de cacahuète puis 3 carrés de chocolat. Rabattez les bords côté droit et côté gauche, puis roulez le nem. Collez les bords avec le jaune d'œuf battu.

Préchauffez le four à 180 °C.

Faites fondre le sucre à sec dans une poêle. Lorsque le caramel commence à prendre, versez les cacahuètes et mélangez à l'aide d'une cuillère en bois pour bien les enrober.

Enfournez les nems à 180 °C une petite dizaine de minutes. Laissez-les refroidir un peu et dégustez-les avec les cacahuètes caramélisées.

Soufflés au Grand Marnier®

Mon chariot
pour 4 personnes

10 min de préparation
25 min de cuisson

Lait	250 g
Maïzena®	10 g
Farine	10 g
Jaunes d'œufs	4
Sucre	165 g
Orange bio	1
Grand Marnier®	4 cl
Blancs d'œufs	5
Beurre	30 g
Sucre glace	

TOTAL ESTIMÉ 4,00 €

Merci de votre visite

007 / 0092 / 30/07/2013 / 12:05:55
Magasin : 00103 Ticket : 000025

1 35314234 123421456 6

Faites bouillir le lait. Dans un cul-de-poule, faites blanchir les jaunes d'œufs avec 125 g de sucre, puis ajoutez la farine et la Maïzena®. Faites chauffer le lait avec le zeste d'orange râpé et le Grand Marnier®. Versez le lait chaud sur le mélange jaunes d'œufs et farine, puis mettez le tout à cuire à feu doux sans cesser de mélanger, jusqu'à l'obtention de la crème pâtissière. Laissez refroidir.

Préchauffez le four à 240 °C.

Montez les blancs en neige et incorporez-les délicatement à la crème pâtissière.

Beurrez et sucrez les moules avec le restant de sucre. Versez-y l'appareil et enfournez pour 8 minutes.

Saupoudrez les soufflés de sucre glace et servez immédiatement.

Poires Belle-Hélène

Mon chariot
pour 4 personnes

10 min de préparation
20 min de cuisson - 3 h de réfrigération

Poires bien mûres comice ou conférence	6
Citron jaune	1
Sucre en poudre	50 g
Gélatines	4 feuilles (8 g)
Chocolat noir	250 g
Crème liquide	10 cl
Corn-flakes	30 g
Sucre glace	2 c. à s.
TOTAL ESTIMÉ	**9,00 €**

Merci de votre visite

007 / 0092 / 30/07/2013 / 12:05:55
Magasin : 00103 Ticket : 000025

1 35314234 123421456 6

Épluchez les poires et coupez-les en gros dés. Réservez les chapeaux. Faites cuire les dés de poires dans une poêle avec le jus du citron et le sucre. Laissez compoter tout en conservant de gros morceaux. Incorporez les feuilles de gélatine préalablement ramollies dans l'eau froide et essorées.

Dressez la compote dans des verres et réservez au réfrigérateur pendant 3 heures.

Faites fondre le chocolat avec la crème à feu doux et fouettez le mélange.

Faites fondre le sucre glace avec les corn-flakes dans une poêle et mélangez pour bien les enrober.

Démoulez la compote de poires sur une assiette. Recouvrez-la de son chapeau, nappez de sauce chocolat et parsemez de corn-flakes.

Bûche de Noël express

Mon chariot
pour 6 personnes

20 min de préparation
4 h de réfrigération

Brioche tranchée	1
Nutella®	1 pot de 630 g
Noix de coco râpée	125 g
Bananes	2

TOTAL ESTIMÉ 7,50 €

Merci de votre visite

007 / 0092 / 30/07/2013 / 12:05:55
Magasin : 00103 Ticket : 000025

1 35314234 123421456 6

Aplatissez finement les tranches de brioche à l'aide d'un rouleau à pâtisserie.

Superposez plusieurs épaisseurs de film alimentaire pour obtenir un long rectangle. Superposez ensuite les tranches de brioches aplaties en les faisant se chevaucher de manière à obtenir un carré de 40 cm de côté.

Mettez le Nutella® en poche et dressez des rubans sur toute la surface. Aplanissez à l'aide d'une spatule. Saupoudrez généreusement de noix de coco râpée. Placez les bananes au centre.

Roulez la brioche petit à petit en veillant bien à la presser pour qu'elle soit bien compacte. Enveloppez-la dans le film alimentaire, pressez bien les extrémités et ficelez-la tel un bonbon. Placez au réfrigérateur pendant 2 heures.

Ôtez le film alimentaire et coupez les extrémités. Enrobez la bûche de Nutella®, saupoudrez de noix de coco râpée et replacez la bûche au réfrigérateur pour 2 heures avant de déguster.

2 RVP100 465 3 RVP100

T'AIME

2 RVP100 465 3 RVP100

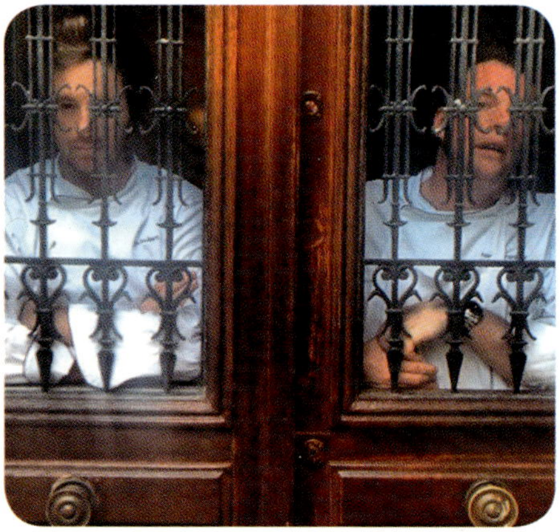

2 RVP100 465 3 RVP100
T'AIME

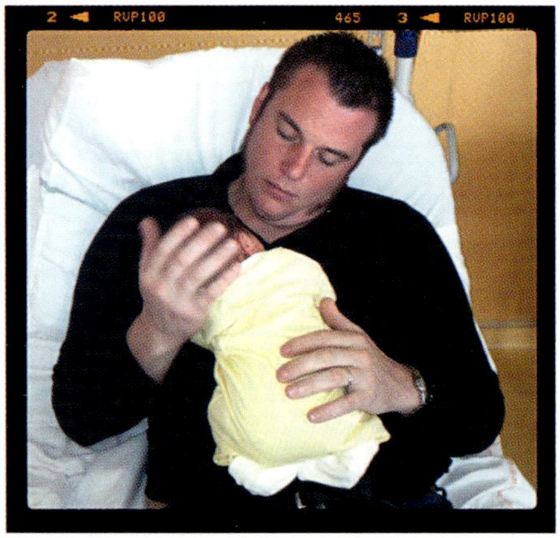
2 RVP100 465 3 RVP100

2 RVP100
465 3 RVP100

2 RVP100
465 3 RVP100

2 RVP100
465 3 RVP100

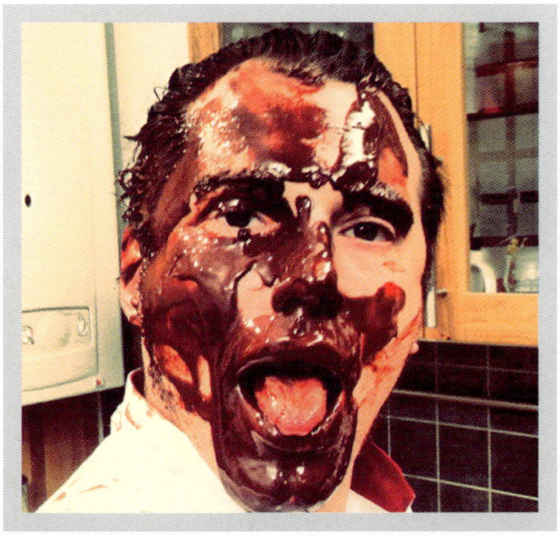

2 RVP100
465 3 RVP100

Merci, merci, merci…

À Stéphanie, Olivia et Canelle, ces femmes qui me font confiance.
À l'équipe du studio Rougereau, Patrick, Fanny, Cédric, Bruno, Pascaline et Florence, pour ces moments incroyables.
À mon épouse Amandine et mes filles Gayane, Laly et Aliya, que j'aime.
À Roland et Dany.
À ma sœur Noémie Tarayre, qui m'a initié aux raviolis en boîte et qui m'a donné envie de faire ce livre.
À Jean Imbert, the chef to be.
À toute l'équipe de *Norbert et Jean : le défi*.

PHOTOGRAPHIES
© Patrick Rougereau/Studio Rougereau/M6 Éditions pour le livre et la couverture

CONCEPTION GRAPHIQUE
Studio ROUGEREAU

RÉVISION ET CORRECTION
Séverine Littière

Retrouvez Norbert dans *Norbert et Jean : le défi* tous les vendredis à 20h45 sur 6ter (chaîne 22 de la TNT).

Dépôt légal : novembre 2013.
Achevé d'imprimer en octobre 2013 par Arvato Niiag en Italie.
ISBN : 978-2-35-985-116-8